Learning Igbo Language in Diaspora

Welcome to the Wonderful World of Igbo

By Simon N. Obi M.Ed.

Learning Igbo Language in Diaspora
WELCOME TO THE WONDERFUL WORLD OF IGBO

iUniverse books may be ordered through booksellers or by contacting:

iUniverse
1663 Liberty Drive
Bloomington, IN 47403
www.iuniverse.com
844-349-9409

Because of the dynamic nature of the Internet, any web addresses or links contained in this book may have changed since publication and may no longer be valid. The views expressed in this work are solely those of the author and do not necessarily reflect the views of the publisher, and the publisher hereby disclaims any responsibility for them.

Any people depicted in stock imagery provided by Getty Images are models, and such images are being used for illustrative purposes only.
Certain stock imagery © Getty Images.

ISBN: 978-1-6632-4826-8 (sc)
ISBN: 978-1-6632-4828-2 (hc)
ISBN: 978-1-6632-4827-5 (e)

Library of Congress Control Number: 2022922336

Print information available on the last page.

iUniverse rev. date: 11/26/2022

Igbo Activity Book
Introduction

As an individual, I cherish and take personal pride in my ability to read, write, and speak the Igbo language. Even though I left Igboland in 1979 at a very young age, I have become extremely fascinated with world languages to the extent that I now speak English, Igbo, Hausa, and Spanish. In actuality, without returning back to live in Igboland other than sparingly visits since 1979, I have systematically made a personal effort to restore my Igbo language skills through love of linguistics and for the enthusiasm that I have developed towards all kinds of ethnic cultures throughout the world.

The renewal of my Igbo Language skills started when I purchased the book Omenụkọ and reread it several times as an adult in 1987. In 1998, I subscribed to the Jehovah Witnesses' Watchtower magazine in Igbo for a period of two years. I enjoyed reading the Igbo edition of Watchtower magazine as a way to tune-up my Igbo language. In the late 1990s, while teaching at Pueblo High School in Tucson, Arizona, the curriculum required me to read a world literature book to my students each year. The scheme of work at Pueblo High stipulated for the teacher to read a book that was written by a foreign author, for a foreign audience, and with a content that depicted the lifestyle of a people in a foreign culture. So, in the fall of 1999, I decided to read the book Omenụkọ to my 9th grade students at Pueblo High School in Tucson, Arizona. I read the book paragraph by paragraph in Igbo, translated its content paragraph by paragraph into English, and I sustained the interest of the students to achieve acquisition of the cultural content which the curriculum designers required. Surely, it was much harder to sustain the interest of the students with a book written in a foreign language, read in a foreign language with a foreign culture connotation, and the hardest part became maintaining the students' tolerance to listening to a story read in an unknown language. Surprisingly, my love and passion for Igbo language drove the curriculum during that unique experience in the fall of 1999.

Truly, my interest in writing this book is not to prove that I know Igbo more than anyone else, but it's a symbolic gesture to share in the responsibility of helping to move Igbo language forward to the next generation of Igbos. I must also acknowledge that there are many Igbos in diaspora that have written extensively in Igbo language, but let this book serve as a drop in the bucket to support in all their efforts to teach Igbo language to the next generation of Igbos who live outside of Igboland. For the most part, I want to continue to call on all Igbos to jettison the attitude that if our children learn Igbo in America, that they will be unable to find Igbos in Igboland whom they will speak to in Igbo during their visits to Igboland. According to a friend in Tucson, Arizona, in 1998, Igbo language was so dead then that it was no longer being spoken in Igbo villages. According to my friend's narrowcasting belief, if children learned Igbo in 1998 in Tucson, Arizona, they were likely to not find Igbos to speak to in Igbo during their visits to Orlu, a specific referenced locale. Statements like this, in my humbled opinion, are reasons why it's still encumbered upon all of us to resurrect and reassure that Igbo Language should never die. In all, I want to extend special thanks to my family for their support and encouragment in writing this book, and most especially to Amarachi Obi, my daughter, Ikenna Obi, my son, and Amaka Obi, my daughter, for their technical support in navigating computer applications during the designing of this book, and to Helen Obi, my wife, for being my Igbo language consultant.

Thank you for reading this book
(Dede) Simon N. Obi, M. Ed., (A retired teacher)

IGBO ALPHABETS

A	B	GB	D	E	F	G
GH	H	I	Ị	J	K	L
M	N	Ṅ	O	Ọ	P	KP
R	S	SH	T	U	Ụ	V
W	Y	Z	CH	GW		KW
NW	NY					

New Igbo Alphabet

A	B	CH	D	E	F	G
GB	GH	GW	H	I	Į	J
K	KP	KW	L	M	N	Ṅ
NW	NY	O	Ọ	P	R	S
SH	T	U	Ụ	V	W	Y	Z

Something old & something new

* The Igbo alphabet on this page was set up much later to align Igbo language alphabet system with Eurocentric alphabetical order. The most recognized Igbo alphabet ideation is the one on page 3 of this book. Secondly, be aware that the original Igbo alphabet had the letter "B" with accent on the bottom, but it was changed in 1972 to prevent the mispronunciation of Igbo as "Ibo". Note that the "B" is silent in pronunciation of Igbo. "Ḅ" (This is the discontinued B). Also, the original Igbo alphabet had this reversed C "Ɔ" which represented "Ọ" before it was discontinued very early in Igbo orthography review because the character did not exist within the printing press industry. *Real Igbos do not pronounce Igbo as "Ibo".

Dictionary
English to Igbo
Afternoon—Heaven

Afternoon	—	Ehihe
Airplane	—	Ụgbọ-elu
America	—	Amiirika
Artery		Akwara Ahụ
Banana	—	Ayaba/Abịrika
Bread	—	Achịcha
Bee	—	Añụ
Bible	—	Akwụkwọ-nsọ
Bird	—	Nnụnụ
Blessing	—	Ngọzi
Bottle	—	Ololo
Butterfly	—	Urumbuba
Can	—	Kon-kom
Can	—	Mgbomgbo
Car	—	Ụgbọ-ala
Castle	—	Ụlọ eze
Chicken	—	Ọkụkọ
Child	—	Nwa
Children	—	Umuaka
Clock	—	Elekere
Cloud	—	Urukpu
Coconut	—	Akụ mgbọ
Coin	—	Aghirigha ego
Computer	—	Kòmpụtà
Cookie	—	Chim-chim
Corn	—	Ọka

Cow	—	Efi
Cow	—	Ehi
Cup	—	Ịko
Dog	—	Nkịta
Dove	—	Nduri
Eagle	—	Ugo
Egg	—	Akwā
Cloth	—	Akwa
Elder	—	Okenye
Eye	—	Anya
Face	—	Ịhụ
Farm	—	Ọrụ-ubi
Farmer	—	Onye ọrụ-ubi
Fish	—	Azụ
Flower	—	Okoko
Fly	—	Ijiji
Fork	—	Ngaji
Frog	—	Akịrị
Get up	—	Bilite
Goat	—	Ehu
Gold	—	ọla-edo
Hair	—	Ntụtụ
Hawk	—	Egbe
Head	—	Isi
Headache	—	Isi-ọwụwa
Heaven	—	Elu-igwe

Dictionary
English to Igbo
Holy Book—Soup

Holy Book	— Akwụkwọ-nsọ		Pear	— Ube
Horse	— Ịnyịnya		Pencil	— Mkpịsị
House	— Ụlọ		Pepper	— Ose
Husband	— Di		Pigeon	— Kpalakuku
King	— Eze		Pig	— Ezii
Lip	— Egbugbere-ọnu		Pineapple	— Nkụgbọ
Lizard	— Ngwere		Plate	— Efere
Manager	— Onye-isi ọru		Poor Person	— Ogbenye
Store	— Ahịa		Pot	— Ite
Milk	— Miri ara-ehi		Potato	— Ji
Money	— Ego		Yam	— Ji
Morning	— ụtụtụ		Prayer	— Ekpere
Mother	— Nne		Pregnancy	— Àfọ-ime
Mountain	— Ugwu		Prophet	— Onye-amụma
Mushroom	— Ero		Queen	— Eze-nwanyị
Neck	— Olu		Rabbit	— Oke
Nest	— Akwụ		Rainbow	— Egwurugu
Night	— Abalị		Researcher	— Onye oke mmụta
Nose	— Ịmi		River	— Iyi
Ocean	— Oke osmiri		Salt	— Nnu
Office Worker	— Onye ọru bekee		Shoe	— Akpụkpọ-ụkwụ
Office Workers	— Ndi ọru bekee		Siblings	— Ụmụ-nne
Owl	— Ikwikwii/ududu		Silver	— ọla-ọcha
Palace	— Ala-eze		Sky	— Eluigwe
Pants	— Uwe-ụkwụ		Snail	— Eju
Peanuts	— Okpaekere		Snake	— Agwọ
Peanuts	— Ahụ ekere		Soup	— Ofe

Dictionary
English to Igbo
Spatula—

Spatula	—	Eku
Spoon	—	Ngaji
Numbers	—	ọnu-ọgụgụ
Stove	—	Ekwu
Stream	—	Osimiri or iyi
Swimmer	—	Onye na egwu mmiri
Syringe	—	Agịga
Tiger	—	Agụ
Vegetables	—	Akwụkwọ nri
Wealth	—	Akụ-na-ụbà
Wife	—	Nwunye
Wind	—	Ikuku
Wine	—	Manya

DICTIONARY

Dictionary
Igbo to English
Abalị—Ịko

Igbo	English		Igbo	English
Abalị/anyasị	— Night		Azụ	— Fish
Abịrika	— Banana		Bilite	— Get up
Achịcha	— Bread		Chim-chim	— Cookie
Afọ-ime	— Pregnancy		Di	— Husband
Aghirigha ego	— Coin		Egbe	— Hawk
Agịga	— Syringe		Efere	— Plate
Agụ	— Tiger		Efi	— Cow
Agwọ	— Snake		Egbugbere-ọnu	— Lip
Ahịa	— Store		Ego	— Money
Ọnụ-ọgụgụ	— Numbers		Egwurugwu	— Rainbow
Ahụekere	— Peanuts		Ehi	— Cow
Akịrị	— Frog		Ehihe	— Afternoon
Ọkpụkpụkwụ	— Shoe		Ehu	— Goat
Akụ-mgbọ	— Coconut		Eju	— Snail
Akụ-na-ụbà	— Wealth		Ekpere	— Prayer
Akwā	— Cloth		Eku	— Spatula
Akwa	— Egg		Ekwu	— Stove
Akwụkwọ nri	— Vegetables		Elekere	— Clock
Akwụkwọ-nsọ	— Bible		Eluigwe	— Sky
Akwụkwọ-nso	— Holy Book		Elu-igwe	— Heaven
Akwụ	— Nest		Ero	— Mushroom
Ala-eze	— Palace		Eze	— King
Amiirika	— America		Eze-nwanyị	— Queen
Añụ	— Bee		Ezii	— Pig
Anya	— Eye		Ihu	— Face
Ayaba	— Banana		Ijiji	— Fly
			Ịko	— Cup

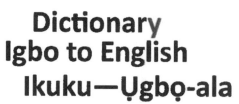

Dictionary
Igbo to English
Ikuku—Ụgbọ-ala

Ikuku	— Wind	Ntụtụ	— Hair
Ikwiikwi	— Owl	Nwa	— Child
Imì	— Nose	Nwunye	— Wife
Inyịnya	— Horse	Ofe	— Soup
Isi	— Head	Ogbenye	— Poor Person
Isi-ọwụwa	— Headache	Ọka	— Corn
Ite	— Pot	Oke	— Rabbit
Iyi	— River	Oke osimiri	— Ocean
Ji	— Potato/Yam	Okenye	— Elder
Kọmputa	— Computer	Okoko	— Flower
Kon-kom	— Can	Okpaekere	— Peanuts
Kpalakuku	— Pigeon	Ọkụkọ	— Chicken
Manya	— Wine	Ọla-edo	— Gold
Mgbomgbo	— Can	Ọla-ocha	— Silver
Miri ara-ehi	— Milk	Ololo	— Bottle
Mkpịsị	— Pencil	Olu	— Neck
Ndị ọrụ bekee	— Office Workers	Onye na egwu mmiri	— Swimmer
Ndurị	— Dove	Onye oke mmụta	— Researcher
Ngaji	— Fork	Onye Ọrụ-bekee	— Office Worker
Ngaji	— Spoon	Onye ọrụ-ubi	— Farmer
Ngọzi	— Blessing	Onye-amụma	— Prophet
Ngwere	— Lizard	Onye-isi ọrụ	— Manager
Nkịta	— Dog	Ọrụ-ubi	— Farm work
Nkụgbo	— Pineapple	Ose	— Pepper
Nne	— Mother	Osimiri	— Stream/River
Nnụnụ	— Bird	Ube	— Pear
Nnu	— Salt	Ụgbọ-ala	— Car

DICTIONARY

Dictionary
Igbo to English
Ugbo—Yam

Ụgbọ-elu	—	Airplane
Ugo	—	Eagle
Ugwu	—	Mountain
Ụlọ	—	House
Ụlọ eze	—	Castle
Ụmụàkà	—	Children
Ụmụnne	—	Siblings
Urukpu	—	Cloud
Urumbuba	—	Butterfly
Ụtụtụ	—	Morning
Uwe-ụkwụ	—	Pants
Yam/Ji	—	Potato

DICTIONARY
NUMBERS/ỌNỤ ỌGỤGỤ
1-54

ONE	1	OTU
TWO	2	ABỤA
THREE	3	ATỌ
FOUR	4	ANỌ
FIVE	5	ISE
SIX	6	ISII
SEVEN	7	ASAA
EIGHT	8	ASATỌ
NINE	9	ITOLU
TEN	10	IRI
ELEVEN	11	IRI-NA-OTU
TWELVE	12	IRI-NA-ABỤA
THIRTEEN	13	IRI-NA-ATỌ
FOURTEEN	14	IRI-NA-ANỌ

FIFTEEN	15	IRI-NA-ISE
SIXTEEN	16	IRI-NA-ISII
SEVENTEEN	17	IRI-NA-ASAA
EIGHTEEN	18	IRI-NA-ASATỌ
NINETEEN	19	IRI-NA-ITOLU
TWENTY	20	IRI-ABỤA
TWENTY ONE	21	IRI-ABỤA-NA-OTU
TWENTY TWO	22	IRI-ABỤA-NA-ABỤA
TWENTY THREE	23	IRI-ABỤA-NA-ATỌ
TWENTY FOUR	24	IRI-ABỤA-NA-ANỌ
TWENTY FIVE	25	IRI-ABỤA-NA-ISE
TWENTY SIX	26	IRI-ABỤA-NA-ISII
TWENTY SEVEN	27	IRI-ABỤA-NA-ASAA
TWENTY EIGHT	28	IRI-ABỤA-NA-ASATỌ

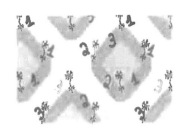

DICTIONARY
NUMBERS/ỌNỤ ỌGỤGỤ
29-56

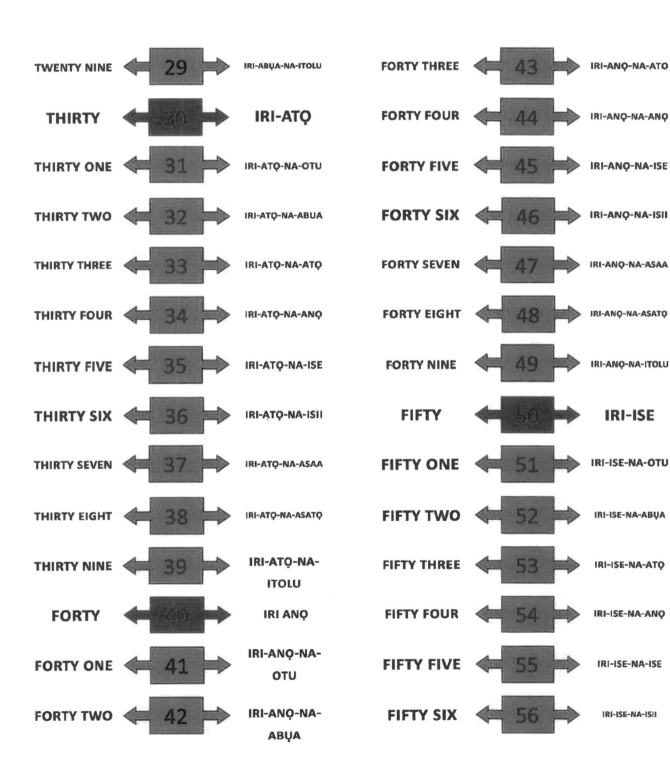

TWENTY NINE	29	IRI-ABỤA-NA-ITOLU
THIRTY	30	IRI-ATỌ
THIRTY ONE	31	IRI-ATỌ-NA-OTU
THIRTY TWO	32	IRI-ATỌ-NA-ABỤA
THIRTY THREE	33	IRI-ATỌ-NA-ATỌ
THIRTY FOUR	34	IRI-ATỌ-NA-ANỌ
THIRTY FIVE	35	IRI-ATỌ-NA-ISE
THIRTY SIX	36	IRI-ATỌ-NA-ISII
THIRTY SEVEN	37	IRI-ATỌ-NA-ASAA
THIRTY EIGHT	38	IRI-ATỌ-NA-ASATỌ
THIRTY NINE	39	IRI-ATỌ-NA-ITOLU
FORTY	40	IRI ANỌ
FORTY ONE	41	IRI-ANỌ-NA-OTU
FORTY TWO	42	IRI-ANỌ-NA-ABỤA
FORTY THREE	43	IRI-ANỌ-NA-ATO
FORTY FOUR	44	IRI-ANỌ-NA-ANỌ
FORTY FIVE	45	IRI-ANỌ-NA-ISE
FORTY SIX	46	IRI-ANỌ-NA-ISII
FORTY SEVEN	47	IRI-ANỌ-NA-ASAA
FORTY EIGHT	48	IRI-ANỌ-NA-ASATỌ
FORTY NINE	49	IRI-ANỌ-NA-ITOLU
FIFTY	50	IRI-ISE
FIFTY ONE	51	IRI-ISE-NA-OTU
FIFTY TWO	52	IRI-ISE-NA-ABỤA
FIFTY THREE	53	IRI-ISE-NA-ATỌ
FIFTY FOUR	54	IRI-ISE-NA-ANỌ
FIFTY FIVE	55	IRI-ISE-NA-ISE
FIFTY SIX	56	IRI-ISE-NA-ISII

DICTIONARY
NUMBERS/ỌNỤ-ỌGỤGỤ
57-84

FIFTY SEVEN	⬅ 57 ➡	IRI-ISE-NA-ASAA
FIFTY EIGHT	⬅ 58 ➡	IRI-ISE-NA-ASATỌ
FIFTY NINE	⬅ 59 ➡	IRI-ISE-NA-ITOLU
SIXTY	⬅ 60 ➡	**IRI-ISII**
SIXTY ONE	⬅ 61 ➡	IRI-ISII-NA-OTU
SIXTY TWO	⬅ 62 ➡	IRI-ISII-NA-ABỤA
SIXTY THREE	⬅ 63 ➡	IRI-ISII-NA-ATỌ
SIXTY FOUR	⬅ 64 ➡	IRI-ISII-NA-ANỌ
SIXTY FIVE	⬅ 65 ➡	IRI-ISII-NA-ISE
SIXTY SIX	⬅ 66 ➡	IRI-ISII-NA ISII
SIXTY SEVEN	⬅ 67 ➡	IRI-ISII-NA-
SIXTY EIGHT	⬅ 68 ➡	IRI-ISII-NA-ASATỌ
SIXTY NINE	⬅ 69 ➡	IRI-ISII-NA-ITOLU
SEVENTY	⬅ 70 ➡	**IRI—ASAA**

SEVENTY ONE	⬅ 71 ➡	IRI-ASAA-NA-OTU
SEVENTY TWO	⬅ 72 ➡	IRI-ASAA-NA-ABỤA
SEVENTY THREE	⬅ 73 ➡	IRI-ASAA-NA-ATỌ
SEVENTY FOUR	⬅ 74 ➡	IRI-ASAA-NA-ANỌ
SEVENTY FIVE	⬅ 75 ➡	IRI-ASAA-NA-ISE
SEVENTY SIX	⬅ 76 ➡	IRI-ASAA-NA-ISII
SEVENTY SEVEN	⬅ 77 ➡	IRI-ASAA-NA-ASAA
SEVENTY	⬅ 78 ➡	IRI-ASAA-NA-ASATỌ
SEVENTY NINE	⬅ 79 ➡	IRI-ASAA-NA-ITOLU
EIGHTY	⬅ 80 ➡	**IRI-ASATỌ**
EIGHTY ONE	⬅ 81 ➡	IRI-ASATỌ-NA-OTU
EIGHTY TWO	⬅ 82 ➡	IRI-ASATỌ-NA-ABỤA
EIGHTY THREE	⬅ 83 ➡	IRI-ASATỌ-NA-ATỌ
EIGHTY FOUR	⬅ 84 ➡	IRI-ASATỌ-NA-ANỌ

Run for your life!

Gbaa ọsọ ndụ gi!

Why are we running? Gịnị ka anyị na agbara ọsọ?

Anyị na aga izute asụsụ Igbo.

We're going to welcome Igbo language.

Tiee mkpu nke ukuu mgbe ịna agba ọsọ!

Scream very loud when you're running!

Chineke m eee!

O my God!

Bịanụ ka anyị gaa gwụrịa egwu n'ezi.

Let's go play outside.

**Elekwala anya n'azu.
Don't look back!**

Ikenna n'eti mkpu mgbe ọna agba ọsọ!

Ikenna is shouting and running!

We made it home safely!

Anyị alọtala ụlọ n'udo!

Ụjọ anyị n'ile agbalagala!

All our fears are gone.

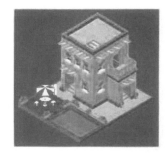

ASỤSỤ IGBO

Simple Igbo questions and answers within the family home.

¹Kedu aha gị? Kọwara m ihe aha gị pụtara?

²Aha m bụ Ikechukwu.

1. What's your name and what does it mean?

2. My name is Ikechukwu— Ikechukwu is an Igbo word meaning God's power.

Write one of the above Igbo phrases here:

_____

Kedụ aha nwanne gị nwanyị nke ntakịrị. What's your little sister's name?

Agaghị m agwa gị aha nwannem nwanyị nke ntakịrị.

I won't tell you my little sister's name!

I think I know what that is! O boy, we better run! Do you see that the boy has a hand on his head? This is not a headache. It's not a joke any more!

Àmàràm ihe n'aga ime ugbua. Nwoke m, bịakwa ka anyị gbalaga. Ị hụkwara na nwata nwoke ahụ bụ aka n'isi? Ihea abụghị isi-ọwụwa ooo! Opụọla na egwu ooo!

ENGLISH & IGBO

Instructions: Match the Igbo word to the English word.
Use your dictionary.

Oche	City
Nwokorobia	Queen
Eze nwanyi	Sister or Brother
Nenne	Money
Nri	Shirt
Ugbo-ala	Food
Ego	Chair
Uwe	Car
Nwanne	Boy
Obodo	Grandmother

Instructions: Choose a word that means the same as the underlined word.

1) All the <u>cities</u> in Arizona are very beautiful.
   - A) Okoko
   - B) Odum
   - C) Anumanu
   - D) Obodo

2) Nwoke ahu bu <u>ezigbo mmadu.</u>
   - A) Office worker
   - B) Medical doctor
   - C) A good person

3) Umu ntakiri na <u>egwuri-egwu</u> n'ezi
   - A) Playing
   - B) Running
   - C) Cooking
   - D) Cleaning the house

4) Nwanyi ahu bu <u>dibia-oyibo.</u>
   - A) Mad woman
   - B) Medical doctor
   - C) An orphan

Instructions: Choose the answer that is correct for each underlined part.

5) Umunnem nile <u>mara nma</u> nke ukuu ná ulo anyi

beautiful - smart - hungry

<u>7) Aha</u> nnem bu Ngozi

Very talkative - Clock - Name - English Word

6) Oke <u>di iche iche</u> n'agbaghari n'azu ulo anyi

water - different kinds- animals

8) <u>Osisi</u> epe/oroma no n'azu ulo anyi

Car - Boxes - Tree - Food

Instructions: Which one does not belong in the group?

9)	10)	11)	12)
A) Uwe	A) Nri	A) Ose	A) Nwagboghobia
B) Nwantakiri	B) Mmiri	B) Nnu	B) Agadi nwanyi
C) Nne na nna	C) Achicha	C) mmanu	C) Nwaokorobia
D) Nnenne	D) Ego	D) Akpa	D) Nwannem nwanyi

IGBO

QUESTIONS & ANSWERS

Instructions: Finish each sentence.

1) Dee aha gị ebea. Write your name

   here_____

2) _____ bụ nwannne m. _____is my sibling.

3) Dee aha obodo ebe unu bi. Write the name of the city where you live.

_____

4) _____ bụ nwannem nke ntakịrị. Is my younger sibling.

Money can't buy friends, but it will get you a better class of enemies.

Anaghị eji ego azụta enyi, ma ndị nwere ego nwere ọtụtụ ndi iro.

Chineke m eeeh! Kedụ onye kwuru na ndị bi obodo oyibo ga amụta ka esi ede na ịsụ asụsụ Igbo? K 'anyị na elenụ ha!

O my God! Whoever said that people living in Europe and America would learn how to speak, read, and write Igbo language? We have to watch and see this!

Exercise 6

Time for
Sentence Translations

Instructions: Choose the answer that explains the meaning of each sentence.

1) Ala Igbo bụ nnukwu obodo nwere ọtụtụ obodo ndị ọzọ n'ime ya.
   - A) Igbo language is good
   - B) Igboland is a big place
   - C) Igbo people are smart
   - D) Igbos are happy people

2) Abia State nọ na ọwụwa anyanwụ nke Nigeria.
   - A) Abia State is beautiful
   - B) Abia State is in eastern Nigeria
   - C) Abia State is rich
   - D) Umuahia is in Abia State

3) Biko, nyerem aka ka m wedata uwe m n'elu oche.
   - A) Please help me
   - B) Sit down on the chair
   - C) The chair there is new
   - D) The man is sitting down

4) Nwagboghobia sịrị nwanne ya nke nta, "Biko, elekwala anya n'azụ."
   - A) The girl is yelling
   - B) The girl said, "Don't look back."
   - C) The girl exclaims, "Run!"
   - D) The girl said, "I'm home."

5) Ụmụ nnụnụ nwere nku ha ji n'efegharị ebe n'ile.
   - A) Birds have beaks
   - B) Birds have web feet
   - C) Birds have wings to fly
   - D) Birds are beautiful

Instructions: Use your dictionary to find the meanings.

1) Nkume (Tree, Rock, Road, Apple)
2) Iyi/Osimiri (River, Rainbow, Waterfall, Tap water)
3) Nwanne nwoke (Little sister, Brother, Boyfriend, Boy)
4) Ụlọ (School, Classroom, House, Village Square)
5) Ezigbo mmadụ (Good friend, Good mom, Good doctor, Good person)
6) Nyem ego (Give me food, Give me milk, Give me money, Give me a book)
7) Onye na agụ akwụkwọ is (Eating, Fishing, Studying, Camping, Vacationing).
8) Onye nọ n'ezi is where: (In his room, In the church, Is outside, Is from Abia)
9) Onye oshi is: (a news reporter, a thief, a bank worker, a company worker)
10) Kpọchie ụzọ means: (Close your mouth, Close the book, Close the door)
11) Anụ ehu n'atọ ụtọ: (Chicken taste good, Goat meat is good, Beef meat is better)
12) "Don't eat!" Mom said. (Rie nri, Erila nri, Gaa nime ụlọ gi, Gaa ụlọ-akwụkwọ gi)
13) Nyerem aka, biko: (I don't want help, Please get away, please help me)
14) Nwata n'ararụ ụra (The baby is eating, The baby is crying, The baby is sleeping)
15) Nicki bụ enyi m nwanyị (Nicki is my sister, Nicki is my classmate, Nicki is my girlfriend)

If you want the rainbow you have to put up with the rain.

Onye choro egwurugwu ga ahu mmiri ozizo.

MATCH IGBO WORDS TO ENGLISH

Instructions: Match the following Igbo words to their meaning in English. Use your dictionary for the following exercises.

Achịcha   Person

Ọnwa   Baby

Okwu Bekee   White Person

Ịhụnanya   English Language

Akwụkwọ   Bread

Uwe   Moon

Nwa ntakịrị   School

Mmadụ   Love

Onye bekee   Clothes

Ọnwa   Book

> There is no right way to do a wrong thing in Igboland! Ihe ọjọọ bụ ihe jọrọ njọ n'ala Igbo!

Instructions: Answer the following questions in English.

1) Kedụ ihe ịga eme na abalị taa?_____

2) Kedụ aha obodo ebe amụrụ gị?_____

3) Kedụ aha ụlọ-akwụkwọ gị?_____

4) Kedụ aha enyi gị nwanyị? _____

Instructions: 5. Choose the sentence that describes a student studying.

____Ikenna na agba ọsọ n'ezi.   ____ Nathan n'agụ akwụkwọ n'me ụlọ ya
____Jordan bụ nwanne m.   ____ Stephanie bụ nke ntakịrị

____Wetaram akwụkwọ nọ n'elu oche

From the group above, which sentences means get me the book on the table?

Instructions: Fill in the blanks.

6. Nyem ego means:_____

7. "Onye n'agba ọsọ" is doing what?_____

8. My little boy is crying. Nwa m nwoke nke nta n'ebe _____.

11. Nnam bụ dibịa oyibo. My dad is a _____.

13. Nnam bu onye nkuzi. My dad is a _____.

15. Nnem bụ onye ọrụ-bekee. My_____ is an office worker.

9. The King is the ruler. Onye _____ bụ onye n'achi ọchịchị.

10. Nri nkaa n'atọ ụtọ nke ukuu. This food is very _____.

12. Her Mother is very nice. _____ bụ ezigbo mmadụ.

14. "Ihe a ọbụ eziokwu?" Are you telling the _____.?

Exercise 8

MATCH IGBO
PHRASES TO ENGLISH

Instructions: Choose the sentence in English that matches the correct sentence in Igbo.

1. Kedụ aha gi?
2. Nyem ego .
3. Gbaa ọsọ ndụ gị!
4. Kedụ ka imere?

Run for your life!
    How are you doing?
    What's your name?
Give me money.

5. I'm very tired.
6. Where are you going?
7. Come and eat dinner.
8. Get me some water to drink.

Bịa rie nri abalị
Kuterem mmiri ọñụñụ
Kedụ ebe ịna aga?
Ike gwurum nke ukuu.

9. Iwe na ewe ya osọsọ.
10. Ije njem na atọ ụtọ .
11. Nwagbọghọbịa na esi nri
12. Nwaokorobia n'ehicha ụlọ.

The Boy is cleaning the house.
The girl is cooking food.
He gets angry very easily.
It's very fun to go on a trip.

Smile! It takes only 13 muscles;
a frown takes 64.
 anọ wee iwe.

Chiaa-ọchị! Ana eji.
ọkpụkpụ iri na atọ chịa ọchị,
ma ịga eji ọkpụkpụ iri-isii na

13. My sister takes medicine every night.
14. A horse is used to travel.
    Fish soup is very tasty.

Ịnyịnya n'ebu mmadụ aga njem.
Azụ n'adị ụtọ n'ofe.
Nwannem nwanyị na añụ ọgwụ.

16. Nkịta n'agbọ onye oshi.
17. Nne m gara ọrụ beekee.
18. Nwanne m n'ehi ụra.

The dog is barking at the thief.
My brother is sleeping.
My mom went to her office to work.

Exercise 9

English Study
Igbo ↔ English

City: _____

Sibling: _____

Friend: _____

_____

_____

_____

My grandma was born in the city of Umuahia. Umuahia is the capital city of Abia State, Nigeria. My dad took us to Umuahia when we visited Nigeria in 2019. I would like to go back to Umuahia because it's such a beautiful city.

Umuahia bụ obodo ebe amụrụ nnennem. Umuahia bụ isi-obodo nke Abia State na Nigeria. Nnam kpọrọ anyị nile jee leta obodo Umuahia mgbe anyị gara Nigeria na afọ 2019. Ọga amasim ịlaghachi obodo Umuahia ọzọ n'ihi na ọmara nma nke ukuu..

Igbo lead word

Ebe amụrụ mmadụ:

Ndi mmadụ:

Mmadụ:

Use the story to identify the following words:

Obodo _____

Isi-obodo _____

Nnaam_____

Obodo mara nma

_____

Instructions: Write the English words for categories on the line

Azịza	_____	Used to clean house
Ngaji	_____	Eating utensil
Onye nkuzi	_____	A person
Nne na Nna	_____	People
Onye uwe ojii	_____	Person
Ụlọ-akwụkwọ	_____	Place
Ọnwa	_____	Object
Okoko	_____	Thing
Uwe	_____	Thing
Mmiri	_____	Thing
Ikwikwi/Ududu	_____	Thing

EXERCISE 10 — EXPLAINING PARAGRAPHS

Instructions: Read the paragraph. Then choose the sentence that best explains what it means.

1) Ezi-na-ụlọ anyị n'ejikere ịga njem n'oge okpem ọkụ nkea na abịa. Nnem na nnam ekwuola ya nke ọmà ná anyị ga eje ịleta ụmụnne anyị ndị bi ebe dị anyà.

        A) Next, a return flight completes the air travel.

        B) My family will travel to visit relatives this summer.

        C) Antarctica has no permanent residents.

        D) A bus or taxi can take you to the airport.

2) Arizona bụ obodo nọ n'etiti ọzara. Ọzara bụ obodo ebe mmiri ozizo na-adighị ehinne. Mgbe ụfọdụ, ịga enwe ihe dika ọnwa atọ n'Arizona tutu mmiri ezoo.

        A) The city of Phoenix is one of the fastest growing areas in America.

        B) Phoenix sports teams have had a winning tradition, not really.

        C) Phoenix is the home of several major sports teams and museums.

        D) Arizona is a state located in the middle of a desert, and it rarely rains there.

3) Onye isi ụlọ-akwụkwọ anyị bu ezigbo mmadu. Nnem na agwa anyị na ya buru n'obi ịbụ onye isi ụlọ-akwụkwọ mgbe ya bụrụ nwata. Ugbua, nne m bụ onye na agwọ ndị ọrịa n'ulo-ọgwụ.

        A) Education opens doors for many opportunities in life.

        B) The law requires all children to go to school in Arizona.

        C) My school principal is a woman, and my mom wanted to be a school

            Principal when she was young.

        D) It is sometimes difficult to get into college classes immediately after high school.

4) Ị mara na mmadụ n'ile na ekwu na asụsụ Igbo ezughị ezu. Nnam na ekwu na okwua bu nke onye n'amaghị ihe. Asụsụ Igbo zuruoke n'ihi na anyị n'eji ya agwarite onwe anyị okwu._____.

        A) Most people think that Igbo language is not complete, but it's a complete language.

        B) The children are playing outside the house.

        C) Ikechukwu told Nneka he would give her a million dollars if they're rescued from the

desert island.

> Goals that are not written
> down are just wishes!
> Olile'anya na enweghị ntụala
> nwụrụ ànwụ!

Exercise 11

USE YOUR DICTIONARY

Instructions: Circle the meaning of the underlined word.

1)	Were <u>otugwa</u> gbapee ụzọ.	Door	Bird	Key	Bread
2)	Nwoke ahụ ji <u>iko</u> na añụrụ mmiri .	Bottle	Cup	Broom	Spoon
3)	Nwata na añụ <u>mmiri ara-ehi.</u>	Juice	Cookie	Milk	Bread
4)	Nwanne m na ata <u>okà</u> .	Fruit	Baking	Corn	Apple
5)	Nwaokorobia na agba <u>ìgwè</u>.	Car	Bus	Bicycle	Train
6)	Ezi-na-<u>ulọ</u> anyi bi na ụlọ mara nma.	House	Boat	Office	Work
7)	Anyi gara njem na akụkụ <u>oke-osimiri</u>.	Bag	Sky	Ocean	Lake
8)	Danielle bụ <u>onye nta akụkọ</u>.	Bicyclist	Reporter	Friendly	Mad
9)	Jane bụ <u>nwata kacha ntakiri</u> na ezi-na-ụlọ ha.	Youngest	Smartest	Oldest	Meanest
10)	Billy Graham bụ onye <u>uko chukwu.</u>	Teacher	Priest	Principal	Student

Instructions: Add the correct Igbo word to complete sentence.

Example: Bridget, biko nyem _ego_ (money). Answer=Ego

11) Brian na ata _____(corn).

12) Amaka na agba _____ _____n'ezi (Bicycle).

13) San Diego bụ ebe amụrụ _____ (my sister).

14) Nkiru tere mmanụ na _____ ya (lip).

15) Dirichi na agụ _____ n'ime ụlọ ya (book).

16) Uchenna na eleanya na _____ (sky).

17) Nwanyị ahụ bụ _____ (doctor).

18) Anyi na aga ileta_____ anyị n'Maryland (relatives).

> Resentment will stop you from anything.
>
> Ekweghị-ekwe ga eme ịghara ịmụta ihe obụla.

WORD MEANINGS

INSTRUCTIONS: Circle what the sentence is all about.

1) Onye iwe n'ewe ọsọso: (Loves food, Gets mad easily, Lives in Arizona).

2) Tina gara ileta oke-osimiri nke nọ n'California (Went home to California, Went to school in California, Went to the ocean in California).

3) Azụ na ebi na mmiri (Fish lives in water, School is fun in water, Tucson is beautiful and near water).

4) Anyi nwere ndị ọbịà si Nigeria bịa (We're visiting Nigeria, Visitors from Nigeria, Visiting a school, We're Visitors in Nigeria).

5) Jordan bụ nwanne Stephanie nke nwoke (Stephanie is Jordan, Jordan is Stephanie's brother, Jordan loves Stephanie, Stephanie & Jordan are siblings).

6) Stacy na ebe akwa nke ukuu (Crawls around, Cries a lot, Drinks milk, Wants her mom).

7) Anyi nọ n'ime ụgbọ-ala (We're in a car, We're eating, We're hot).

8) Mmiri ozizo n'emebi ụbọchị (Rain is good daily, Rain messes up the day, It rained today).

9) Onye na agba bọlụ (Crying baby, Whining woman, Playing ball).

10) Anyanwụ nke taa dị ọkụ nke ukuu (Sun is bright today, Sun is in the cloud, Sun is very hot today).

INSTRUCTIONS: Choose the word that is written correctly for main idea of the sentence.

11) We are walking the <u>dog</u> to the park.

    A) Ehu

    B) Egbe

    C) Nkịta

12) Diana <u>washed her face</u>.

    A) Ọsara ihu.

    B) Ọna eri nri.

    C) Onwere ego.

13) <u>Come to my house,</u> Jennifer.

    A) Bịa rie nri,

    B) Bịa n'ulo m,

    C) Bịa were ego,

14) <u>Okoko</u> nkaa na ama-nma n'isi ụtụtụ.

    A) Tree

    B) Potatoes

    C) Flower

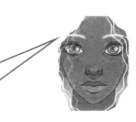

Everyone has inner patience, but successful people learn to use it.

Mmadụ nile nwere obi ume ala, ma nani ndị mara ihe na eji ya arụ ọrụ

Exercise 13

NIGERIAN STUDY TIME

Instructions: Underline all words that mean food.

FOOD TIME IN IGBO LANGUAGE

Nnem mere mọi mọi anyị ga eri n 'ụbọchị ncheta omụmụ nke nwanne m nwányị. Ugbua, nnem ekwuola na ya ga eghe akara, sie nri ụtara ji, ma ghee anụ ọkụkọ na anụ ehu ndi mmadụ ga ata n'ubochi nmeme ahụ. Mụ onwe m ga enye aka iwunye chim chim na efere na iwepụta manya ndi ọbịa ga añụ. Ọna amasi mkpụrụ obi m inyere nne m aka na ịkwado maka nmeme a. Ọtụtụ umuaka ndị sịrị n'ulo akwụkwọ anyị ga abịa nmeme ncheta omụmụ nke nwanne m nwanyị.

My mom prepared mọi mọi for my sister's birthday party. She will also make akara, pounded yam, and fry some chicken and goat meat that all the visitors will eat that day. I will help my mom by pouring the chim chim into plates and to bring out drinks for the visitors. I really enjoy helping my mom. A lot of kids from my school will attend the birthday party.

Instructions: Find six missing periods in this parag-

[1]Nigeria bụ nnukwu obodo nọ n'ime Afiirika Obodo ndi ọzọ ndị nọ Nigeria nso bụ Niger, Kamaroun, Chaad, na Benin [2]Aha isi-obodo Nigeria bụ Abuja [3]Aha onye nara achi Nigeria bụrụ Mazi Goodluck Jonathan Ndị bi n'Nigeria na arụ ụdịrị ọrụ di iche iche; dika: ọrụ-ugbo, ire-ahịa, ọrụ-beekee di iche iche, na kwa ihe obụla ha chọrọ [4]Ndi Nigeria n'asụ asụsụ di iche iche, ma ọbụ asụsụ oyibo ka mmadụ n'ile n'asụ karịa

Instructions: Use the dictionary to find the English meaning for each word.

1) Ala Igbo _____

2) Elekere _____

3) Azụ-ụlọ _____

4) Ama egwuri-egwu _____

5) Kpakpando _____

6) Ọdụm _____

7) Onye agụrụ _____

8) Onye oshi _____

9) Ikọ _____

10) Nnanna _____

Answers to (Words that mean food): moi-moi, akara, ụtara ji, anụ ọkụkọ, anụ ehu, manya

(Periods) Afiirika., Benin., Abuja., Jonathan., chọrọ., karịa.

Exercise 14

Translations
IGBO ⟷ ENGLISH
Instructions: Choose the correct English sentence.

1) Nnem gara ahịa ịzụta nri anyị ga eri.
   A) My mom eats food as soon as she sees it.
   B) It's a great day in the neighborhood.
   C) My mom is not even going to the picnic.
   D) My mom went to the store to buy food.

2) Nwanne m nwanyị gara ụlọ-ọgwụ echi gara aga.
   A) Let's go to a movie with my sister.
   B) My sister screamed, "stop!"
   C) My sister went to the hospital yesterday.
   D) She's the nicest sister on the planet.

3) Udochukwu bụ ada nna ya, ma onwere ụmụnne ndị ọzọ dị ntakịrị.
   A) Udochukwu works at the hospital as a nurse.
   B) Udochuku is her father's princess, but she has other siblings.
   C) Udochukwu went on a cruise to the Bahamas.
   D) Udochukwu was born in Arizona.

4) Ndị nwere ego na ebi n'ala eze.
   A) Rich people live in palaces.
   B) The tourist ate strawberry and apple for lunch.
   C) I'll never move to another state.
   D) The protesters marched to express their displeasure.

Instructions: Complete the sentence with an Igbo word.

5) Biko, nyem _____ ka m ńụa mmiri (cup).

6) Aga m abịa _____ gị ileta gị n'oge abalị taa (house).

7) Osisi nọ n'azụ ụlọ anyị nwere _____ (Flower).

8) Anyị n'aga _____ n'oge ụtụtụ nile (school).

Instructions: For numbers 1-4 which sentence means exactly the same.

9) Nigeria bụ nnukwu obodo nọ níme Afrika
   A) Nigeria is a small African country
   B) Nigeria is the capital of Africa.
   C) Nigeria is a big country in Africa.

11) Abuja bụ aha isi obodo Nigeria
   A) Abuja is the biggest city in Nigeria.
   B) Abuja is the capital of Nigeria.
   C) Abuja is the president of Nigeria.

10) Jonathan bụrụ aha onye nara achi Nigeria
   A) The book about Jonathan is boring.
   B) Nigeria was founded by Mr. Jonathan.
   C) Jonathan was the president of Nigeria.

12) Nigeria nwere ọtụtụ obodo ndị nọ nime ya
   A) Nigerians speak various languages.
   B) There are different parts of Nigeria.
   C) Nigerians love playing soccer.

> When you fail, you are one step closer to success!
> Omere ma chi ekweghi nwere olile-anya

Sentence
Formations

Instructions: Read the underlined sentences then choose the sentence that best explains it.

1) <u>Ndi uwe-ojii na atogbo ndu ha n'ihi ndi mmadu nile.</u>

   A) Nigerian police works only on Fridays and Sundays.

   B)) The police in Nigeria are off on Friday and Sunday for their safety.

   C)) The police in Nigeria are off on Friday and Sunday for their safety.

   D) The police are capable of sacrificing their lives for public safety.

2) <u>Nkechi na akporo umu ya gaa ulo onye na elekota ha na oge ututu nile.</u>

   A) Nkechi drove her kids to the Home Depot to get some fertilizer.

   B) Nkechi drove her kids to the nursery school that is south of the freeway.

   C) Nkechi takes her kids to the babysitter who takes care of them every morning.

   D) Nkechi drove to the nursery school with her children, then to the bank to get her lunch money.

3) <u>Michelle Obama buru nwunye onye isi-ochichi nke Amiirika.</u>

   A) Michelle Obama entertains curious guests at the White House everyday.

   B) Michelle Obama is the wife of the former president of America.

   C) Michelle Obama will visit the United States of America this year.

   D) Entertaining guests at the White House was Michelle Obama's favorite activity.

4) <u>Nkita ahu na àgbo ndi oshi na anyasi nile.</u>

   A) The dog barks at the thieves every night.

   B) The clown barked back at the dog during the circus.

   C) As the clown entered the arena, the dog barked continuously.

There is no right way to do a wrong thing

odighi ezigbo ihe no na ime ihe ojoo.

Exercise 16

ỤLỌ ỌGWỤ ⟶ HOSPITAL

Doctor & Patient Conversation/Dibịa oyibo na onye ọrịa

Patient: Dibịa oyibo, kedu ihe aga eme maka ahu ikem? Doctor, what will you do about my health?

Doctor: Nwee ndidi na ihe nile ga adịnma. Be patient, everything will be alright.

Nurse: Dibịa oyibo sịrị ka esoo gi ọgwụ? The doctor said to give you shots.

Patient: Agiga nkea ga afụ-ụfụ nke ukuu. This syringe will hurt a lot.

Patient: Kedu ka m gesi añụ ọgwụ ndia? How often will I take these pills?

Doctor: ñụa ọgwụ ndịa mgbe ịna eri nri. Take these pills with food.

Patient: Dibịa oyibo, kedụ mgbe m ga ahapụ ụlọ-ọgwụ? Doctor, when will I be discharged?

Doctor: Ikwesiri ịhapụ ọlụ ọgwụ echi. You will be discharged tomorrow.

Patient: Imela nke ukuu maka otu isịrị leta m. Thank you so much for your help.

Doctor: Daalụ! Anyị ga ahụ echi mgbe m ga enye gị akwụkwọ ịga eji laa. Goodbye! I will see you tomorrow to give you discharge papers.

Patient: Chineke gọzie gị! God bless you!

INSTRUCTIONS: MATCH THE IGBO WORDS TO THEIR ENGLISH MEANING

Ụlọ-ọgwụ	Pills/Medicine
Agiga	Patient
Dibịa oyibo	Hospital
Mkpụrụ-Ọgwụ	Syringe
Ñụọ Ọgwụ	Medical Doctor
Onye Ọrịa	Take medicine

AGHA ← WAR

1. **Agha** -- War
2. **Onye agha** --Soldier
3. **Ndị agha** -- Soldiers (or soldier without a number)
4. **Ngwa-agha** -- War equipment
5. **Igwe ndị agha** – Battalion of soldiers

Instructions: Identify the meaning of each underlined word.

1) Ndị Amerika gara <u>agha</u> n'obodo Iraki ná 2003. Americans went to war in Iraq in 2003.
(City, War tanker, War, Person)

2) Afghanistan bu <u>nnukwu obodo</u> ọzọ Amiriika gara agha. Afghanistan is another big country where America fought a war. (Big country, small park, Outside of Arizona)

3) Enwere ọtụtụ ebe ana eme <u>ngwa-agha</u> n'Arizona. There are many companies in Arizona that manufacture war equipment. (Soldiers, War, War Equipment, Warrior).

4) Aga m abụ <u>onye agha</u> mgbe m toro okorobia. I will be a soldier when I grow up as a man. (Man, Good man, Soldier, Warrior).

5) Anaghi eji <u>ụjọ</u> abụ onye agha. You can never show fear as a soldier. (Bravery, Giant, Good soldier, Fear)

Instructions: Circle the correct English word for the Igbo word.

6) Ụgbọ agha

   A) Car
   B) Airplane
   C) War tanker
   D) Soldier

7) Ndị agha

   A) My mom
   B) Soldiers
   C) Doctors
   D) Tankers

8) Onye agha

   A) One man
   B) Good worker
   C) A soldier
   D) Arizona man

9) Ọchịagha

   A) Military commander
   B) Municipal park
   C) Park ranger
   D) African tiger

"You can no more win a war than you can win an earthquake."(Earthquake in Igbo—Ala-ọma-jijiji)

Animal Word Search

Instructions: Find the English word for each Igbo word. Use your dictionary.

```
S  A  N  F  W  L  G  I  P  M  R  U  T  C
H  D  R  A  Z  I  L  T  O  F  I  S  H  H
O  A  O  R  E  S  W  I  V  R  B  M  P  I
R  F  W  K  A  N  O  G  D  O  G  Y  I  C
S  D  L  K  G  B  T  E  G  G  B  L  G  K
E  G  F  Q  L  E  B  R  O  T  I  Z  E  E
O  Y  U  X  E  E  G  I  A  R  R  V  O  N
N  C  S  N  A  K  E  O  T  S  D  B  N  G
F  B  U  T  T  E  R  F  L  Y  A  Y  L  F
```

Agụ	EZII	Nnụnụ
Agwọ	IJIJI	OKE
Akịrị	Ịnyịnya	Ọkụkọ
Añụ	KPALAKUKU	UDUDU
EGBE	NGWERE	UGO
EHU	Nkịta	URUMBUBA

Recognizing Nouns

Instructions: Translate the Igbo nouns into English nouns.
Hint: Use your dictionary.

Ọkụkọ _____   Chim chim _____
Ero_____   Nwunye _____
Ololo _____   Mkpịsị _____
Anya _____   Miri ara-ehi _____
Onye Ọrụ-ubi _____ Nne _____
Nkịta _____   Ụlọ_____
Ahịa _____   Nwa _____

Instructions: Translate the Igbo into English and circle the nouns both languages. **Hint: These sentences are in this workbook.**

1. Anyị na nnennem bi na ụlọ.   My grandma lives with us.
_____

2. Ikenna n'eti mkpu mgbe ọna agba ọsọ!   Ikenna is yelling and running!
_____

3. Bịa ka anyị gaa gwurịa-egwu n'ezi. Let's go out and play.
_____

4. Kedụ ka m gesi ńụa ọgwụ ndia? How often will I take these pills?
_____

Instructions: Unscramble the correct answer in Igbo.

5. I have a cat and a _____.   aknti
6. I like milk and _____.   ihmc mhci
7. Take your water _____.   olloo
8. Please sharpen my_____.   ikpism

9. My eye lid covers my _____. yaan
10. I have to walk to the _____. haia
11. A Tulip is my favorite ____. kkoo
12. These are my father and _____. enn

Chickens are lovely in pictures. Ọkụkọ na adị nma na ile anya!

Learn one new thing everyday! Mụta otu ihe kwa ụbọchị

Exercise 22

IGBO ỌNỤ-ỌGỤGỤ
IGBO NUMBERS

Instructions: Write out the numbers 1-10 in Igbo. Use your dictionary .

1._____   6._____
2._____   7._____
3._____   8._____
4._____   9._____
5._____   10._____

Instructions: Match the Igbo words to the correct num-

Atọ	8
Asatọ	7
Ise	1
Abụa	9
Otu	10
Itolu	3
Iri	5
Isii	4
Anọ	6
Asaa	2

EXERCISE 23

Instructions: Place commas where needed.

1) Biko sorom ga gbaa bọlị n' ama-egwuruegwu .

2) N'ezie ihe nkaa a amasịghị m ma ncha.

3) Jill ina aga ọrụ-bekee n'ụbọchị taa?

4) Amaka nwanne gi nwoke ọgara ọrụ taa?

5) Mba anaghị m eso unu aga obodo Los Angeles.

6) Nwanne gị ọsịrị na oyi n'atụ ya Amaka?

7) I nwee nsogbu ebe ahu kpọọ Margaret k'onyere gị aka.

8) Kedụ ka imere Ikenna?

9) Mgbe àhụ ọpụrụ nsogbu sịrị n'elu n'ala daa.

123 Ngwa Street
Tucson, Arizona 85701
Dec 3, 2021

Nwannem Ekene,

Achọrọ m ijiri ohere nkea detara gi akwụkwọ banyere ijem n'Amerika. Abịarutere m obodo ndị ọcha na udo. Obodo nwabekee mara nma ma di ụtọ ile anya. Ihe nile na aga n'usuro n'usuro. Ada m nwanyi na di ya na ụmụaka ya na eletem anya nke ọma. Ma, oyi na atụ ebea nke ọjọọ. A ga m eji ekwenti kpọọ gi n'ụbọchị ụkà nkea na-abịa. Nọọ nke ọma.

Abu m nwanne gị,

Dede Obi

10)   **Kedụ aha onye dere akwụkwọ ozi nkea**
     a) Ekene
     b) Dede Obi
     c) Ngwa

11)   **Kedụ obodo ebe onye dere akwụkwọ ozi a gara?**
     a) Alaska
     b) Tucson, Arizona

12 A) **Kedụ aha onye edegarala akwụkwọ ozi nkea**
     B) Ekene
     C) Dede Obi
     D) Obodo

13) **Onye dere akwụkwọ a, ọsịrị n'Amerika dị otuole?**
     A) Ọdị ụtọ n'ile ya anya
     B) Oyi n'atụ ebe ahu nke ukuu

Rubric P. 1

EXERCISE 4

Oche-Chair   Nwaokorobia-boy   Eze nwanyị –Queen

Nnenne-Grandma   Nri-Food   Ụgbọ-ala-Car

Ego-Money   Uwe-shirt/clothes   Nwanne-Sibbling

Obodo-City

1. Obodo (D)   2. Good person (C)   3. Playing (A)   4. Medical Doctor (B)

5. Beautiful   6. Different Kinds   7. Name   8. Tree

9. Uwe   10. Ego   11. Akpa   12. Nwaokorobia

EXERCISE 5

1. Simon   2. Anthony/Joanna   3. Phoenix   4. Amara

Exercise 6

1. B   2. B   3. A   4. B   5. C

Use Dictionary

1. Rock   2. River   3. Brother   4. House   5. Good person   6. Give money

7. Studying   8. Outside   9. Thief   10. Close door   11. Goat meat 12. Erila nri

13. Help me   14. Baby Sleeping   15. Girlfriend

EXERCISE 7

Achịcha—Bread   Ọnwa—Moon   Okwu Bekee—English Language   Ịhụnanya — Love

Akwụkwọ—Book   Uwe—Clothes   Nwa ntakịrị—Baby   Mmadụ—person

Onye Bekee —White person   Ọnwa—Moon

Rubric P. 2

EXERCISE 7 CONTD.

3. What's the name of your school?   4. What's your girlfriend's name?   5. Nathan na agụ akwụkwọ   6. Money   7. Running   8. Akwā   9. Eze 10. Delicious 11. Medical doctor   12. Nne ya   13. Teacher   14. Truth   15. Office worker

Exercise 8

1. What's your name?   2. Give me money   3. Run for your life   4. How are you doing?   5. Ike gwurum nke ukuu   6. Kedụ ebe ịna aga   7. Bia rie nri   8. Kuterem mmiri oñụrụ   9. Gets mad easily   10. Fun to go on a trip   11. Girl is cooking   12. Boy cleaning house   13. Nwannem nwanyị n'añụ ọgwụ n'abalị nile   14. Ịnyịnya n'ebu mmadụ   15. Azụ na adị ụtọ   16. Dog barking   17. Mom works in the office   18. Sibling sleeping

EXERCISE 9

City—Obodo   Sibling—Nwanne   Friend—Enyi

Use Story to Identify

Obodo—City   Isi-obodo—Capital City   Nnam — My father   Obodo mara nma—-Beautiful place/City

Azịza—Broom   Ngaji—Spoon   Onye Nkuzi—-Teacher   Nne na nna—mom/dad   Onye Uwe Ojii—Police   Ụlọ akwụkwọ—School   Ọnwa—Moon Okoko—Flower   Uwe—Clothes/Shirt   Mmiri—Water

EXERCISE 10

1. B   2. D   3. C   4. A

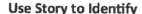

Rubric P. 3

EXERCISE 11

1. Key
2. Cup
3. Milk
4. Corn
5. Bicycle
6. House
7. Ocean
8. News Reporter
9. Youngest
10. Priest
11. Ọkà
12. Igwe
13. Nwanne nwanyị
14. Egbugbere ọnụ
15. Akwụkwọ
16. Eluigwe
17. Dibịa Oyibo
18. Ụmụnne

EXERCISE 12

1. Gets mad easily
2. Went to the ocean
3. Fish lives on water
4. Visitors from Nigeria
5. Stephanie's Brother
6. Cries a lot
7. We're in the car
8. Rain messes up the day
9. Playing Ball
10. Sun very hot today
11. Nkịta
12. Ọsara ịhụ
13. Bịa n´ụlọ m
14. Flower

EXERCISE 13

1. Igboland
2. Clock
3. Backyard
4. Stadium
5. Star
6. Lion
7. Hungry
8. Thief
9. Cup
10. Grandpa

EXERCISE 14

1. Mom went to store to buy food
2. Sister went to the hospital yesterday
3. Udochukwu is her father's princess
4. Rich people live in palaces
5. Ịko
6. Ụlọ
7. Okoko
8. Ụlọ Akwụkwọ
9. C
10. C
11. B
12. B

EXERCISE 15

1. D
2. C
3. B
4. A

Rubric P. 4

EXERCISE 16

Ụlọ Ọgwụ — Hospital   Agiga — Syringe   Dibịa Oyibo— Medical Doctor

Mkpụrụ Ọgwụ — Pills/Medicine   ńụa Ọgwụ — Take Medicine   Onye Ọrịa–Patient

EXERCISE 17

1. War   2. Afghanistan is a another big country where America fought a war   3.

    War   Equipment   4. Soldier   5. Fear   6. War Tanker   7. Sol-

    diers   8. Soldier   9. Military Commander

EXERCISE 18   Across

1. Kpakpandu   2. Ezii   3. Ugo   4. Ijiji   5. Efi/Ehi   6. Nnụnụ

DOWN

1. Egbe   2. Akịrị   3. Agụ   4. Urumbuba   5. Oke   6. Nkịta

EXERCISE 19

Azụ—Fish   Efi/Ehi—Cow   Ọkụkọ—Chicken   Ngwere—Lizard

Ehu—Goat   Nduri—Dove   Agwọ—Snake   Eju—Snail

Ikwikwii—Owl

EXERCISE 20

Agụ—Tiger   Agwọ—Snake   Akịrị—Frog   Añụ—Bee   Egbe—Hawk

Ehu—Goat   Ezii—Pig   Ijiji—Fly   Ịnyịnya—Horse

Kpalakuku—Pigeon   Ngwere—Lizard   Nkịta—Dog   Oke—Rabbit   Ọkụkọ-Chicken

Ududu—Owl   Ugo—Eagle   Urumbuba—Buterfly

Rubric P.5

EXERCISE 21

Ọkụkọ—Chicken   Ero—Mushroom   Ololo—Bottle

Anya—Eye   Onye Ọrụ Ubi—Farmer   Nkịta—Dog

Ahịa—Market/store   Chim chim—Cookie   Nwunye—Wife

Mkpịsị—Pen/Pencil   Miri ara ehi—Milk   Nne—Mother

Ụlọ—House   Nwa—Baby/Child

1. Grandma lives with us outside   2. Ikenna is shouting and running   3. Let's go play   4. How often will I take the medicine?   5. Nkita/Dog

6. Chim chim—Cookie   7. Ololo—Bottle   8. Pencil/Pen—Mkpịsị

9. Eye—Anya   10. Store—Ahịa   11. Flower—Okoko   12. Nne-Mother

EXERCISE 22

1. OTU

2. ABỤA

3. ATỌ

4. ANỌ

5. ISE

6. ISII

7. ASAA

8. ASATỌ

9. ITOLU

10. IRI

EXERCISE 23   1. Biko,   2. N'ezie,   3. Jill,   4. Amaka,

5. Mba,   6. ya,   7. Ahụ,   8. Imere,   9. Ọpụrụ

10. Dede Obi   11. Tucson, Arizona   12. Ekene   13. A

About the Author

Simon N. Obi was a licensed practicing high school teacher in Arizona from 1990 till his retirement in January 2019. During the 29 years, he taught 9th grade at Pueblo High School in Tucson for 5 years, 2 years as a 5th grade teacher in the Tohono O'Odham Reservation, 2 years as an at-risk youths teacher at Robison Elementary School in Tucson, and he retired in 2019 after serving 19 years as a teacher of youths adjudicated as adults in a maximum security prison owned by Arizona Department of Corrections. Mr. Obi is currently an educational consultant working under Simon's Educational Enrichment Services (Sees, LLC). Sees, LLC., provides substitute teachers to schools, organizes and hosts traditional storytelling, African children's fashion shows, and cultural Igbo music programs in elementary school libraries throughout Arizona.

Mr. Obi grew up in Apụ-na-Ekpu in Ụmụọha Community in Isiala Ngwa North Local Government of Abia State, Nigeria. He attended St. Mary's Elementary School which later became Amaekpu Community School. He's a graduate of St. Ephraim's Secondary School in Owerrinta, East Central Oklahoma University, and The University of Arizona. Above all, Simon Obi holds a K-12 teaching license in Arizona, California & British Columbia.

Author's personal motto: *The world would be a better place if you do not tell others what they're not supposed to tell someone else, because it's the only thing they will tell.*

Printed in the United States
by Baker & Taylor Publisher Services